화엄경 제73권 (입법계품 39-14) 해설

제73권에는 대원정진력구호야신의 부동지가 나온다.

선재동자가 선지식에 대한 여러 가지 마음을 가지고 보현일체마니왕장사자좌에 앉아 가 없는 몸을 나타내고 있는 대원정진력구호야신을 뵈오니

"내가 얻은 해탈문은 교화중생영생선근이다. 일체법 자성평등을 깨닫고 제법진실의 성에 들어가 의지할 것 없는 법을 깨달았다. 그러므로 모든 색을 구분 하나니 이는 오랜 겁에 여러 부처님을 뵙고 친근공양한 공덕이니라."

하고 다음과 같이 게송을 읊었다.

"佛以一音方便說 法燈普照脩多羅
無量衆生意柔軟 悉蒙與授菩提記"
한량없는 중생들의 뜻이 부드러워져
다 같이 수기를 받고 깨달음을 얻었다.

"充滿十方諸世界 普雨法雨濟群品
十方一切諸佛子 入此難思解脫門"
시방에 가득한 모든 세계에
널리 진리의 비를 뿌려 구제하시니
시방의 모든 불자들이
여기 들어가 생각키 어려운 해탈문을 얻었다.

대원정진력구호야신은 이렇게 흔들림 없는 마음으로 구도할 것을 가르쳐주고 룸비니 공원에 가서 묘력원만신을 만나보라 가리켜 주었다.

入法界品 第三十九之一
입법계품 제삼십구지일

十四
십사

爾時善財童子往大願精
이시선재동자왕대원정

進力救護一切衆生夜神所
진력구호일체중생야신소

見彼夜神在大衆中坐普現
견피야신재대중중좌보현

一切宮殿摩尼王藏師子之
일체궁전마니왕장사자지

座普現法界國土摩尼寶網
좌보현법계국토마니보망

彌覆其上現日月星宿影像
미부기상현일월성수영상

身現隨衆生心普令得見身
신현수중생심보령득견신

現等一切衆生形相身現無
현등일체중생형상신현무

邊廣大色相海身現普現一
변광대색상해신현보현일

切威儀身現普於十方示現
체위의신현보어시방시현

身現普調一切衆生身現廣
신현보조일체중생신현광

運速疾神通身現利益衆生
운속질신통신현이익중생

不絶身現常遊虛空利益身
부절신현상유허공이익신

現一切佛所頂禮身現修習
현일체불소정례신현수습

一切善根身現受持佛法不
일체선근신현수지불법불

忘身現成滿菩薩大願身現
망신현성만보살대원신현

光明充滿十方身現法燈普
광명충만시방신현법등보

滅世暗身現了法如幻淨智
멸세암신현요법여환정지

身現遠離塵暗法性身現普
신현원리진암법성신현보

投 투	塵 진	善 선	離 이	現 현	無 무	智 지
地 지	數 수	財 재	染 염	無 무	熱 열	照 조
良 양	差 차	童 동	身 신	所 소	身 신	法 법
久 구	別 별	子 자	現 현	住 주	現 현	明 명
乃 내	身 신	見 견	本 본	佛 불	不 불	了 료
起 기	一 일	如 여	淸 청	力 력	可 가	身 신
合 합	心 심	是 시	淨 정	身 신	沮 저	現 현
掌 장	頂 정	等 등	法 법	現 현	壞 괴	究 구
瞻 첨	禮 례	佛 불	性 성	無 무	堅 견	竟 경
仰 앙	擧 거	刹 찰	身 신	分 분	固 고	無 무
於 어	體 체	微 미	時 시	別 별	身 신	患 환

善知識生十種心何等爲十
선지식생십종심하등위십

所謂於善知識生同己心令
소위어선지식생동이심령

我精勤辨一切智助道法故
아정근판일체지조도법고

於善知識生清淨自業果心
어선지식생청정자업과심

親近供養生善根故於善知
친근공양생선근고어선지

識生莊嚴菩薩行心令我速
식생장엄보살행심령아속

能莊嚴一切菩薩行故於善
능장엄일체보살행고어선

사경의 공덕은 십만억 부처님께 공양한 것과 같은 공덕이 있습니다.

知(지)識(식)生(생)成(성)就(취)一(일)切(체)佛(불)法(법)心(심)誘(유)
誨(회)於(어)我(아)令(령)修(수)道(도)故(고)於(어)善(선)知(지)識(식)
生(생)能(능)生(생)心(심)能(능)生(생)於(어)我(아)無(무)上(상)法(법)
故(고)於(어)善(선)知(지)識(식)生(생)出(출)離(리)心(심)令(령)我(아)
修(수)行(행)普(보)賢(현)菩(보)薩(살)所(소)有(유)行(행)願(원)而(이)
出(출)離(리)故(고)於(어)善(선)知(지)識(식)生(생)具(구)一(일)切(체)
福(복)智(지)海(해)心(심)令(령)我(아)積(적)集(집)諸(제)白(백)法(법)

故於善知識生增長心令我
고어선지식생증장심령아

增長一切智故於善知識生
증장일체지고어선지식생

具一切善根心令我志願得
구일체선근심령아지원득

圓滿故於善知識生能成辦
원만고어선지식생능성판

大利益心令我自在安住一
대리익심령아자재안주일

切菩薩法故成一切智道故
체보살법고성일체지도고

得一切佛法故是爲十發是
득일체불법고시위십발시

心(심)已(이)得(득)彼(피)夜(야)神(신)與(여)諸(제)菩(보)薩(살)佛(불)
刹(찰)微(미)塵(진)數(수)同(동)行(행)所(소)謂(위)同(동)念(념)心(심)
常(상)憶(억)念(념)十(시)方(방)三(삼)世(세)一(일)切(체)佛(불)故(고)
同(동)慧(혜)分(분)別(별)決(결)了(료)一(일)切(체)法(법)海(해)差(차)
別(별)門(문)故(고)同(동)趣(취)能(능)轉(전)一(일)切(체)諸(제)佛(불)
如(여)來(래)妙(묘)法(법)輪(륜)故(고)同(동)覺(각)以(이)等(등)空(공)
智(지)普(보)入(입)一(일)切(체)三(삼)世(세)間(간)故(고)同(동)根(근)

成就菩薩淸淨光明智慧根
성취보살청정광명지혜근

故同心善能修習無礙功德
고동심선능수습무애공덕

莊嚴一切菩薩道故同境普
장엄일체보살도고동경보

照諸佛所行境故同證得一
조제불소행경고동증득일

切智照實相海淨光明故同
체지조실상해정광명고동

義能以智慧了一切法眞實
의능이지혜요일체법진실

性故同勇猛能壞一切障礙
성고동용맹능괴일체장애

山故同色身隨衆生心示現
산고동색신수중생심시현

身故同力求一切智不退轉
신고동력구일체지불퇴전

故同無畏其心清淨如虛空
고동무외기심청정여허공

故同精進於無量劫行菩薩
고동정진어무량겁행보살

行無懈倦故同辯才得法無
행무해권고동변재득법무

礙智光明故同無等身相清
애지광명고동무등신상청

淨超世間故同愛語令一切
정초세간고동애어령일체

衆生皆歡喜故同妙音普演
중생개환희고동묘음보연

一切法門海故同滿音一切
일체법문해고동만음일체

衆生隨類解故同淨德修習
중생수류해고동정덕수습

如來淨功德故同智地一切
여래정공덕고동지지일체

佛所受法輪故同梵行安住
불소수법륜고동범행안주

一切佛境界故同大慈念念
일체불경계고동대자념념

普覆一切國土故衆生海故同
보부일체국토고중생해고동

사경의 공덕은 십만억 부처님께 공양한 것과 같은 공덕이 있습니다.

大悲普雨法雨潤澤一切諸 (대비보우법우윤택일체제)
衆生故同身業以方便行教 (중생고동신업이방편행교)
化一切諸衆生故同語業以 (화일체제중생고동어업이)
隨類音演說一切諸法門故 (수류음연설일체제법문고)
同意業普攝衆生置一切智 (동의업보섭중생치일체지)
境界中故同莊嚴嚴淨一切 (경계중고동장엄엄정일체)
諸佛刹故同親近有佛出世 (제불찰고동친근유불출세)

皆親近故同勸請請一切佛
轉法輪故同供養常樂供養
一切佛故同教化調伏一切
諸衆生故同光明照了一切
諸法門故同三昧普知一切
衆生心故同充徧以自在力
充滿一切諸佛刹海修諸行

故同住處住諸菩薩大神通
고동주처주제보살대신통

故同眷屬一切菩薩共止住
고동권속일체보살공지주

故同入處普入世界微細處
고동입처보입세계미세처

故同心慮普知一切諸佛刹
고동심려보지일체제불찰

故同往詣普入一切佛刹海
고동왕예보입일체불찰해

故同方便悉現一切諸佛刹
고동방편실현일체제불찰

故同超勝於諸佛刹皆無比
고동초승어제불찰개무비

故同不退普入十方無障礙
고동불퇴보입시방무장애

故同破闇得一切佛成菩提
고동파암득일체불성보리

智大光明故同無生忍入一
지대광명고동무생인입일

切佛衆會海故同徧一切諸
체불중회해고동변일체제

佛刹網恭敬供養不可說刹
불찰망공경공양불가설찰

諸如來故同智證了知彼彼
제여래고동지증요지피피

法門海故同修行順行一切
법문해고동수행순행일체

諸法門故同希求於淸淨法
제법문고동희구어청정법

深樂欲故同淸淨集佛功德
심락욕고동청정집불공덕

而以莊嚴身口意故同妙意
이이장엄신구의고동묘의

於一切法智明了故同精進
어일체법지명료고동정진

普集一切諸善根故同淨行
보집일체제선근고동정행

成滿一切菩薩行故同無礙
성만일체보살행고동무애

了一切法皆無相故同善巧
요일체법개무상고동선교

於諸法中智自在故同隨樂
어제법중지자재고동수락

隨衆生心現境界故同方便
수중생심현경계고동방편

善習一切所應習故同護念
선습일체소응습고동호념

得一切佛所護念故同入地
득일체불소호념고동입지

得入一切菩薩地故同所住
득입일체보살지고동소주

安住一切菩薩位故同記莂
안주일체보살위고동기별

一切諸佛授其記故同三昧
일체제불수기기고동삼매

一刹那中普入一切三昧門 (일찰나중보입일체삼매문)

故同建立示現種種諸佛事 (고동건립시현종종제불사)

故同正念正念一切境界門 (고동정념정념일체경계문)

故同修行盡未來劫修行一 (고동수행진미래겁수행일)

切菩薩行故同淨信於諸如 (체보살행고동정신어제여)

來無量智慧極欣樂故同捨 (래무량지혜극흔락고동사)

離滅除一切諸障礙故同不 (리멸제일체제장애고동불)

勤 근	說 설	無 무	境 경	所 소	受 수	退 퇴
修 수	法 법	依 의	界 계	住 주	生 생	智 지
常 상	已 이	永 영	於 어	住 주	應 응	與 여
蒙 몽	入 입	斷 단	法 법	一 일	現 현	諸 제
諸 제	諸 제	一 일	界 계	切 체	成 성	如 여
佛 불	法 법	切 체	境 경	智 지	熟 숙	來 래
所 소	平 평	所 소	得 득	方 방	諸 제	智 지
護 호	等 등	依 의	自 자	便 편	衆 중	慧 혜
念 념	智 지	心 심	在 재	門 문	生 생	等 등
故 고	故 고	故 고	故 고	故 고	故 고	故 고
同 동	同 동	同 동	同 동	同 동	同 동	同 동

사경의 공덕은 십만억 부처님께 공양한 것과 같은 공덕이 있습니다.

神(신)通(통)開(개)悟(오)衆(중)生(생)令(령)修(수)一(일)切(체)菩(보)

薩(살)行(행)故(고)同(동)神(신)力(력)能(능)入(입)十(시)方(방)世(세)

界(계)海(해)故(고)同(동)陀(다)羅(라)尼(니)普(보)照(조)一(일)切(체)

總(총)持(지)海(해)故(고)同(동)秘(비)密(밀)法(법)了(요)知(지)一(일)

切(체)修(수)多(다)羅(라)中(중)妙(묘)法(법)門(문)故(고)同(동)甚(심)

深(심)法(법)解(해)一(일)切(체)法(법)如(여)虛(허)空(공)故(고)同(동)

光(광)明(명)普(보)照(조)一(일)切(체)諸(제)世(세)界(계)故(고)同(동)

欣樂隨衆生心而爲開示令
歡喜故同震動爲諸衆生現
神通力普動十方一切刹故
同不虛見聞憶念皆悉令其
心調伏故同出離滿足一切
諸大願海成就如來十力智
故

時善財童子觀察大願精
시선재동자관찰대원정

進力救護一切衆生夜神起
진력구호일체중생야신기

十種清淨心獲如是等佛刹
십종청정심획여시등불찰

微塵數同菩薩行既獲此已
미진수동보살행기획차이

心轉清淨徧袒右肩頂禮其
심전청정편단우견정례기

足一心合掌以偈讚曰
족일심합장이게찬왈

我發堅固意 志求無上覺
아발견고의 지구무상각

今(금)於(어)善(선)知(지)識(식)
以(이)見(견)善(선)知(지)識(식)
滅(멸)除(제)衆(중)罪(죄)垢(구)
我(아)見(견)善(선)知(지)識(식)
盡(진)未(미)來(래)刹(찰)劫(겁)
我(아)念(념)善(선)知(지)識(식)
爲(위)我(아)悉(실)示(시)現(현)

而(이)起(기)自(자)己(기)心(심)
集(집)無(무)盡(진)白(백)法(법)
成(성)就(취)菩(보)提(리)果(과)
功(공)德(덕)莊(장)嚴(엄)心(심)
勤(근)修(수)所(소)行(행)道(도)
攝(섭)受(수)饒(요)益(익)我(아)
正(정)敎(교)眞(진)實(실)法(법)

사경의 공덕은 십만억 부처님께 공양한 것과 같은 공덕이 있습니다.

關閉諸惡趣 (관폐제악취)
亦是諸如來 (역시제여래)
我念善知識 (아념선지식)
念念能出生 (념념능출생)
與我波羅蜜 (여아바라밀)
長我淨功德 (장아정공덕)
我念善知識 (아념선지식)

顯示人天路 (현시인천로)
成一切智道 (성일체지도)
是佛功德藏 (시불공덕장)
虛空功德海 (허공공덕해)
增我難思福 (증아난사복)
令我冠佛繒 (령아관불증)
能滿佛智道 (능만불지도)

誓願常依止 (서원상의지)
我以此等故 (아이차등고)
普爲諸衆生 (보위제중생)
聖者爲我師 (성자위아사)
無量無數劫 (무량무수겁)
爾時善財說 (이시선재설)
大聖願爲我說 (대성원위아설)

圓滿白淨法 (원만백정법)
功德悉具足 (공덕실구족)
說一切智道 (설일체지도)
與我無上法 (여아무상법)
不能報其恩 (불능보기은)
此偈已白言 (차게이백언)
此解脫門名 (차해탈문명)

爲何等發心已來爲幾時耶
위하등발심이래위기시야

久如當得阿耨多羅三藐三
구여당득아녹다라삼약삼

菩提夜神告言善男子此解
보리야신고언선남자차해

脫門名教化衆生令生善根
탈문명교화중생령생선근

我以成就此解脫故悟一切
아이성취차해탈고오일체

法自性平等入於諸法眞實
법자성평등입어제법진실

之性證無依法捨離世間悉
지성증무의법사리세간실

사경의 공덕은 십만억 부처님께 공양한 것과 같은 공덕이 있습니다.

知諸法色相差別亦能了達
青黃赤白性皆不實無有差
別而恒示現無量色身所謂
種種色身非一色身無邊色
身淸淨色身一切莊嚴色身
普見色身等一切衆生色身
普現一切衆生前色身光明

사경의 공덕은 십만억 부처님께 공양한 것과 같은 공덕이 있습니다.

種 종	身 신	身 신	色 색	身 신	好 호	普 보
雲 운	念 념	一 일	身 신	示 시	淸 청	照 조
色 색	念 념	切 체	一 일	現 현	淨 정	色 색
身 신	常 상	世 세	切 체	大 대	色 색	身 신
種 종	觀 관	間 간	世 세	勇 용	身 신	見 견
種 종	察 찰	共 공	間 간	猛 맹	離 이	無 무
形 형	色 색	稱 칭	無 무	色 색	衆 중	厭 염
顯 현	身 신	歎 탄	能 능	身 신	惡 악	足 족
色 색	示 시	無 무	映 영	甚 심	光 광	色 색
色 색	現 현	盡 진	蔽 폐	難 난	明 명	身 신
身 신	種 종	色 색	色 색	得 득	色 색	相 상

現(현) 無(무) 量(량) 自(자) 在(재) 力(력) 色(색) 身(신) 妙(묘) 光(광) 明(명)

色(색) 身(신) 一(일) 切(체) 淨(정) 妙(묘) 莊(장) 嚴(엄) 色(색) 身(신) 隨(수)

順(순) 成(성) 熟(숙) 一(일) 切(체) 衆(중) 生(생) 色(색) 身(신) 隨(수) 其(기)

心(심) 樂(락) 現(현) 前(전) 調(조) 伏(복) 色(색) 身(신) 無(무) 障(장) 礙(애)

普(보) 光(광) 明(명) 色(색) 身(신) 清(청) 淨(정) 無(무) 濁(탁) 穢(예) 色(색)

身(신) 具(구) 足(족) 莊(장) 嚴(엄) 不(불) 可(가) 壞(괴) 色(색) 身(신) 不(부)

思(사) 議(의) 法(법) 方(방) 便(편) 光(광) 明(명) 色(색) 身(신) 無(무) 能(능)

色 색	色 색	清 청	去 거	身 신	切 체	映 영
身 신	身 신	淨 정	恭 공	大 대	闇 암	奪 탈
於 어	無 무	心 심	敬 경	勢 세	色 색	一 일
一 일	斷 단	所 소	因 인	力 력	身 신	切 체
切 체	無 무	生 생	所 소	功 공	集 집	色 색
世 세	盡 진	色 색	生 생	德 덕	一 일	身 신
間 간	色 색	身 신	色 색	海 해	切 체	無 무
無 무	身 신	最 최	身 신	色 색	白 백	諸 제
所 소	光 광	勝 승	如 여	身 신	淨 정	闇 암
依 의	明 명	廣 광	虛 허	從 종	法 법	破 파
平 평	海 해	大 대	空 공	過 과	色 색	一 일

了 료	淨 정	孔 공	取 취	長 장	念 념	等 등
一 일	一 일	中 중	一 일	一 일	念 념	色 색
切 체	切 체	說 설	切 체	切 체	現 현	身 신
法 법	衆 중	一 일	衆 중	衆 중	種 종	徧 변
義 의	生 생	切 체	生 생	生 생	種 종	十 시
色 색	欲 욕	佛 불	海 해	歡 환	色 색	方 방
身 신	解 해	功 공	色 색	喜 희	相 상	無 무
無 무	海 해	德 덕	身 신	心 심	海 해	所 소
障 장	色 색	海 해	一 일	色 색	色 색	礙 애
礙 애	身 신	色 색	一 일	身 신	身 신	色 색
普 보	決 결	身 신	毛 모	攝 섭	增 증	身 신

照耀色身等虛空淨光明色
조요색신등허공정광명색

身放廣大淨光明色身照現
신방광대정광명색신조현

無垢法色身無比色身差別
무구법색신무비색신차별

莊嚴色身普照十方色身隨
장엄색신보조시방색신수

時示現應眾生色身寂靜色
시시현응중생색신적정색

身滅一切煩惱色身一切眾
신멸일체번뇌색신일체중

生福田色身一切眾生見不
생복전색신일체중생견불

虛色身大智慧勇猛力色身
허색신대지혜용맹력색신

無障礙普周徧色身妙身雲
무장애보주변색신묘신운

普現世間皆蒙益色身具足
보현세간개몽익색신구족

大慈海色身大福德寶山王
대자해색신대복덕보산왕

色身放光明普照世間一切
색신방광명보조세간일체

趣色身大智慧淸淨色身生
취색신대지혜청정색신생

衆生正念心色身一切寶光
중생정념심색신일체보광

사경의 공덕은 십만억 부처님께 공양한 것과 같은 공덕이 있습니다.

明色身普光藏色身現世間
명색신보광장색신현세간

種種清淨相色身求一切智
종종청정상색신구일체지

處色身現微笑令衆生生淨
처색신현미소령중생생정

信色身一切寶莊嚴光明色
신색신일체보장엄광명색

身不取不捨一切衆生色身
신불취불사일체중생색신

無決定無究竟色身現自在
무결정무구경색신현자재

加持力色身現一切神通變
가지력색신현일체신통변

사경의 공덕은 십만억 부처님께 공양한 것과 같은 공덕이 있습니다.

淨 정	切 체	色 색	種 종	切 체	衆 중	化 화
光 광	世 세	身 신	衆 중	如 여	惡 악	色 색
明 명	間 간	隨 수	色 색	來 래	徧 변	身 신
色 색	見 견	所 소	海 해	道 도	法 법	生 생
身 신	無 무	應 응	色 색	場 량	界 계	如 여
現 현	厭 염	化 화	身 신	衆 중	海 해	來 래
一 일	足 족	示 시	從 종	會 회	色 색	家 가
切 체	色 색	現 현	善 선	色 색	身 신	色 색
三 삼	身 신	色 색	行 행	身 신	普 보	身 신
世 세	種 종	身 신	所 소	具 구	現 현	遠 원
海 해	種 종	一 일	流 류	種 종	一 일	離 리

사경의 공덕은 십만억 부처님께 공양한 것과 같은 공덕이 있습니다.

色身放一切光明海色身現(색신방일체광명해색신현)
無量差別光明海色身超諸(무량차별광명해색신초제)
世間一切香光明色身現不(세간일체향광명색신현불)
可說日輪雲色身現廣大月(가설일륜운색신현광대월)
輪雲色身放無量須彌山妙(륜운색신방무량수미산묘)
華雲色身出種種鬘雲色身(화운색신출종종만운색신)
現一切寶蓮華雲色身興一(현일체보연화운색신흥일)

或 혹	色 색	薩 살	音 음	來 래	切 체	切 체
見 견	相 상	像 상	聲 성	大 대	末 말	燒 소
或 혹	身 신	色 색	演 연	願 원	香 향	香 향
念 념	充 충	身 신	法 법	身 신	藏 장	雲 운
或 혹	滿 만	念 념	海 해	色 색	雲 운	徧 변
聞 문	十 시	念 념	色 색	身 신	色 색	法 법
說 설	方 방	中 중	身 신	現 현	身 신	界 계
法 법	令 영	現 현	現 현	一 일	現 현	色 색
或 혹	諸 제	如 여	普 보	切 체	一 일	身 신
因 인	衆 중	是 시	賢 현	語 어	切 체	散 산
親 친	生 생	等 등	普 보	言 언	如 여	一 일

近或得開悟或見神通或覩
근혹득개오혹견신통혹도

變化悉隨心樂應時調伏捨
변화실수심락응시조복사

不善業住於善行善男子當
불선업주어선행선남자당

知此由大願力故一切智力
지차유대원력고일체지력

故菩薩解脫力故大悲力故
고보살해탈력고대비력고

大慈力故作如是事善男子
대자력고작여시사선남자

我入此解脫了知法性無有
아입차해탈요지법성무유

差차 別별 而이 能능 示시 現현 無무 量량 色색 身신 一일
一일 身신 現현 無무 量량 色색 相상 海해 一일 一일 相상
放방 無무 量량 光광 明명 雲운 一일 一일 光광 現현 無무
量량 佛불 國국 土토 一일 一일 土토 現현 無무 量량 佛불
興흥 世세 一일 一일 佛불 現현 無무 量량 神신 通통 力력
開개 發발 衆중 生생 宿숙 世세 善선 根근 未미 種종 者자
令령 種종 已이 種종 者자 令령 增증 長장 已이 增증 長장

사경의 공덕은 십만억 부처님께 공양한 것과 같은 공덕이 있습니다.

者자 令령 成성 熟숙 念념 念념 中중 令령 無무 量량 衆중

生생 於어 阿아 耨뇩 多다 羅라 三삼 藐먁 三삼 菩보 提리

得득 不불 退퇴 轉전 善선 男남 子자 如여 汝여 所소 問문

從종 幾기 時시 來래 發발 菩보 提리 心심 修수 菩보 薩살

行행 如여 是시 之지 義의 承승 佛불 神신 力력 當당 爲위

汝여 說설 善선 男남 子자 菩보 薩살 智지 輪륜 遠원 離리

一일 切체 分분 別별 境경 界계 不불 可가 以이 生생 死사

中(중) 長(장) 短(단) 染(염) 淨(정) 廣(광) 狹(협) 多(다) 少(소) 如(여) 是(시)
諸(제) 劫(겁) 分(분) 別(별) 顯(현) 示(시) 何(하) 以(이) 故(고) 菩(보) 薩(살)
智(지) 輪(륜) 本(본) 性(성) 清(청) 淨(정) 離(이) 一(일) 切(체) 分(분) 別(별)
網(망) 超(초) 一(일) 切(체) 障(장) 礙(애) 山(산) 隨(수) 所(소) 應(응) 化(화)
而(이) 普(보) 照(조) 故(고) 善(선) 男(남) 子(자) 譬(비) 如(여) 日(일) 輪(륜)
無(무) 有(유) 晝(주) 夜(야) 但(단) 出(출) 時(시) 名(명) 晝(주) 沒(몰) 時(시)
名(명) 夜(야) 菩(보) 薩(살) 智(지) 輪(륜) 亦(역) 復(부) 如(여) 是(시) 無(무)

有分別亦無三世但隨心現
유분별역무삼세단수심현

教化衆生言其止住前劫後
교화중생언기지주전겁후

劫善男子譬如日輪住閻浮
겁선남자비여일륜주염부

空其影悉現一切寶物及以
공기영실현일체보물급이

河海諸淨水中一切衆生莫
하해제정수중일체중생막

不目見而彼淨日不來至此
불목견이피정일불래지차

菩薩智輪亦復如是出諸有
보살지륜역부여시출제유

사경의 공덕은 십만억 부처님께 공양한 것과 같은 공덕이 있습니다.

海住佛實法寂靜空中無有
해주불실법적정공중무유

所依爲欲化度諸衆生故而
소의위욕화도제중생고이

於諸趣隨類受生實不生死
어제취수류수생실불생사

無所染着無長短劫諸想分
무소염착무장단겁제상분

別何以故菩薩究竟離心想
별하이고보살구경이심상

見一切顚倒得眞實見見法
견일체전도득진실견견법

實性知一切世間如夢如幻
실성지일체세간여몽여환

無有衆生但以大悲大願力
무유중생단이대비대원력

故現衆生前教化調伏佛子
고현중생전교화조복불자

譬如船師常以大船於河流
비여선사상이대선어하류

中不依此岸不着彼岸不住
중불의차안불착피안부주

中流而度衆生不有休息菩
중류이도중생불유휴식보

薩摩訶薩亦復如是以波羅
살마하살역부여시이바라

蜜船於生死流中不依此岸
밀선어생사류중불의차안

사경의 공덕은 십만억 부처님께 공양한 것과 같은 공덕이 있습니다.

不着彼岸不住中流而度衆
불착피안부주중류이도중

生無有休息雖無量劫修菩
생무유휴식수무량겁수보

薩行未曾分別劫數長短
살행미증분별겁수장단

佛子如太虛空一切世界
불자여태허공일체세계

於中成壞而無分別本性淸
어중성괴이무분별본성청

淨無染無亂無礙無厭非長
정무염무란무애무염비장

非短盡未來劫持一切刹菩
비단진미래겁지일체찰보

薩(살)摩(마)訶(하)薩(살)亦(역)復(부)如(여)是(시)以(이)等(등)虛(허)

空(공)界(계)廣(광)大(대)深(심)心(심)起(기)大(대)願(원)風(풍)輪(륜)

攝(섭)諸(제)衆(중)生(생)令(령)離(이)惡(악)道(도)生(생)諸(제)善(선)

趣(취)悉(실)令(령)安(안)住(주)一(일)切(체)智(지)地(지)滅(멸)除(제)

煩(번)惱(뇌)生(생)死(사)苦(고)縛(박)而(이)無(무)憂(우)喜(희)疲(피)

厭(염)之(지)心(심)善(선)男(남)子(자)如(여)幻(환)化(화)人(인)肢(지)

體(체)雖(수)具(구)而(이)無(무)入(입)息(식)及(급)以(이)出(출)息(식)

寒熱飢渴憂喜生死十種之
한열기갈우희생사십종지

事
사

菩薩摩訶薩亦復如是以
보살마하살역부여시이

如幻智平等法身現衆生相
여환지평등법신현중생상

於諸有趣住無量劫教化衆
어제유취주무량겁교화중

生於生死中一切境界無欣
생어생사중일체경계무흔

無厭無愛無恚無苦無樂無
무염무애무에무고무락무

取(취)無(무)捨(사)無(무)安(안)無(무)怖(포)佛(불)子(자)菩(보)薩(살)

智(지)慧(혜)雖(수)復(부)如(여)是(시)甚(심)深(심)難(난)測(측)我(아)

當(당)承(승)佛(불)威(위)神(신)之(지)力(력)爲(위)汝(여)解(해)說(설)

令(령)未(미)來(래)世(세)諸(제)菩(보)薩(살)等(등)滿(만)足(족)大(대)

願(원)成(성)就(취)諸(제)力(력)

佛(불)子(자)乃(내)往(왕)古(고)世(세)過(과)世(세)界(계)海(해)

微(미)塵(진)數(수)劫(겁)有(유)劫(겁)名(명)善(선)光(광)世(세)界(계)

爲 위	大 대	都 도	十 십	音 음	出 출	名 명
寶 보	林 림	名 명	號 호	虛 허	興 흥	寶 보
華 화	名 명	寶 보	圓 원	空 공	於 어	光 광
彼 피	曰 왈	莊 장	滿 만	燈 등	世 세	於 어
道 도	妙 묘	嚴 엄	彼 피	王 왕	其 기	其 기
場 장	光 광	其 기	閻 염	如 여	最 최	劫 겁
中 중	中 중	東 동	浮 부	來 래	初 초	中 중
有 유	有 유	不 불	提 제	應 응	佛 불	有 유
普 보	道 도	遠 원	有 유	正 정	號 호	一 일
光 광	場 량	有 유	一 일	等 등	法 법	萬 만
明 명	名 명	一 일	王 왕	覺 각	輪 륜	佛 불

摩 尼 蓮 華 藏 師 子 之 座 時 彼
마 니 연 화 장 사 자 지 좌 시 피

如 來 於 此 座 上 成 阿 耨 多 羅
여 래 어 차 좌 상 성 아 뇩 다 라

三 藐 三 菩 提 滿 一 百 年 坐 於
삼 먁 삼 보 리 만 일 백 년 좌 어

道 場 爲 諸 菩 薩 諸 天 世 人 及
도 량 위 제 보 살 제 천 세 인 급

閻 浮 提 宿 植 善 根 已 成 熟 者
염 부 제 숙 식 선 근 이 성 숙 자

演 說 正 法 是 時 國 王 名 曰 勝
연 설 정 법 시 시 국 왕 명 왈 승

光 時 世 人 民 壽 一 萬 歲 其 中
광 시 세 인 민 수 일 만 세 기 중

人 인	有 유	禁 금	欲 욕	不 불	舌 설	多 다
所 소	太 태	閉 폐	調 조	敬 경	惡 악	有 유
喜 희	子 자	無 무	伏 복	沙 사	口 구	殺 살
見 견	名 명	量 량	彼 피	門 문	貪 탐	盜 도
具 구	爲 위	衆 중	故 고	婆 파	瞋 진	淫 음
二 이	善 선	生 생	造 조	羅 라	邪 사	佚 일
十 십	伏 복	於 어	立 립	門 문	見 견	妄 망
八 팔	端 단	中 중	囹 영	等 등	不 불	語 어
大 대	正 정	受 수	圄 어	時 시	孝 효	綺 기
人 인	殊 수	苦 고	枷 가	王 왕	父 부	語 어
之 지	特 특	王 왕	鎖 쇄	爲 위	母 모	兩 양

相在宮殿中遙聞獄囚楚毒
상재궁전중요문옥수초독

音聲心懷傷愍從宮殿出入
음성심회상민종궁전출입

牢獄中見諸罪人杻械枷鎖
뇌옥중견제죄인추계가쇄

遞相連繫置幽闇處或以火
체상연계치유암처혹이화

灸或以煙熏或以搒笞或遭
구혹이연훈혹이방태혹조

臏割裸形亂髮飢渴羸瘦筋
빈할나형난발기갈리수근

斷骨現號叫苦劇太子見已
단골현호규고극태자견이

云 운	集 집	願 원	白 백	令 령	言 언	心 심
何 하	五 오	垂 수	王 왕	汝 여	汝 여	生 생
諸 제	百 백	寬 관	言 언	悉 실	莫 막	悲 비
臣 신	大 대	宥 유	獄 옥	得 득	憂 우	愍 민
答 답	臣 신	施 시	中 중	解 해	惱 뇌	以 이
言 언	而 이	以 이	罪 죄	脫 탈	汝 여	無 무
彼 피	問 문	無 무	人 인	便 편	勿 물	畏 외
罪 죄	之 지	畏 외	苦 고	詣 예	愁 수	聲 성
人 인	言 언	時 시	毒 독	王 왕	怖 포	安 안
者 자	是 시	王 왕	難 난	所 소	我 아	慰 위
私 사	事 사	卽 즉	處 처	而 이	當 당	之 지

사경의 공덕은 십만억 부처님께 공양한 것과 같은 공덕이 있습니다.

竊官物謀奪王位盜入宮闈
절관물모탈왕위도입궁위

罪應刑戮有哀救者罪亦至
죄응형륙유애구자죄역지

死時彼太子悲心轉切語大
사시피태자비심전절어대

臣言如汝所說但放此人隨
신언여여소설단방차인수

其所應可以治我我爲彼故
기소응가이치아아위피고

一切苦事悉皆能受粉身歿
일체고사실개능수분신몰

命無所顧惜要令罪人皆得
명무소고석요령죄인개득

免苦何以故我若不救此衆
면고하이고아약불구차중

生者云何能救三界牢獄諸
생자운하능구삼계뢰옥제

苦衆生一切衆生在三界中
고중생일체중생재삼계중

貪愛所縛愚癡所蔽貧無功
탐애소박우치소폐빈무공

德墮諸惡趣身形鄙陋諸根
덕타제악취신형비루제근

放逸其心迷惑不求出道失
방일기심미혹불구출도실

智慧光樂着三有斷諸福德
지혜광락착삼유단제복덕

사경의 공덕은 십만억 부처님께 공양한 것과 같은 공덕이 있습니다.

滅諸智慧種種煩惱濁亂其
멸제지혜종종번뇌탁란기

心住苦牢獄入魔羂網生老
심주고로옥입마견망생노

病死憂悲惱害如是諸苦常
병사우비뇌해여시제고상

所逼迫我當云何令彼解脫
소핍박아당운하령피해탈

應捨身命而拔濟之時諸大
응사신명이발제지시제대

臣共詣王所悉擧其手高聲
신공예왕소실거기수고성

唱言大王當知如太子意毁
창언대왕당지여태자의훼

사경의 공덕은 십만억 부처님께 공양한 것과 같은 공덕이 있습니다.

足 족	馳 치	憂 우	太 태	立 립	不 불	壞 괴
俱 구	詣 예	號 호	子 자	王 왕	責 책	王 왕
作 작	王 왕	哭 곡	及 급	聞 문	治 치	法 법
是 시	所 소	毀 훼	諸 제	此 차	者 자	禍 화
言 언	擧 거	形 형	罪 죄	言 언	王 왕	及 급
唯 유	身 신	降 항	人 인	赫 혁	之 지	萬 만
願 원	投 투	服 복	王 왕	然 연	寶 보	人 인
大 대	地 지	與 여	后 후	大 대	祚 조	若 약
王 왕	頂 정	千 천	聞 문	怒 노	亦 역	王 왕
赦 사	禮 례	婇 채	之 지	令 령	不 불	愛 애
太 태	王 왕	女 녀	愁 수	誅 주	久 구	念 념

子命王卽迴顧於太子言莫
자명왕즉회고어태자언막

救罪人若救罪人必當殺汝
구죄인약구죄인필당살여

爾時太子爲欲專求一切智
이시태자위욕전구일체지

故爲欲利益諸衆生故爲以
고위욕이익제중생고위이

大悲普救攝故其心堅固無
대비보구섭고기심견고무

有退怯復白王言願恕彼罪
유퇴겁부백왕언원서피죄

身當受戮王言隨意爾時王
신당수륙왕언수의이시왕

사경의 공덕은 십만억 부처님께 공양한 것과 같은 공덕이 있습니다.

后(후)白(백)言(언)大(대)王(왕)願(원)聽(청)太(태)子(자)半(반)月(월)

行(행)施(시)恣(자)意(의)修(수)福(복)然(연)後(후)治(치)罪(죄)王(왕)

卽(즉)聽(청)許(허)時(시)都(도)城(성)北(북)有(유)一(일)大(대)園(원)

名(명)曰(왈)日(일)光(광)是(시)昔(석)施(시)場(장)

太(태)子(자)往(왕)彼(피)設(설)大(대)施(시)會(회)飲(음)食(식)

衣(의)服(복)華(화)鬘(만)瓔(영)珞(락)塗(도)香(향)末(말)香(향)幢(당)

幡(번)寶(보)蓋(개)諸(제)莊(장)嚴(엄)具(구)隨(수)有(유)所(소)求(구)

사경의 공덕은 십만억 부처님께 공양한 것과 같은 공덕이 있습니다.

靡不周給經半月已於最後
미불주급경반월이어최후

日國王大臣長者居士城邑
일국왕대신장자거사성읍

人民及諸外道悉來集會時
인민급제외도실래집회시

法輪音虛空燈王如來衆知諸
법륜음허공등왕여래중지제

衆生調伏時至與大衆俱天
중생조복시지여대중구천

王圍遶龍王供養夜叉王守
왕위요용왕공양야차왕수

護乾闥婆王讚歎阿修羅王
호건달버왕찬탄아수라왕

曲躬頂禮迦樓羅王以清淨
곡궁정례가루라왕이청정

心散諸寶華緊那羅王歡喜
심산제보화긴나라왕환희

勸請摩睺羅伽王一心瞻仰
권청마후라가왕일심첨앙

來入彼會爾時太子及諸大
내입피회이시태자급제대

衆遙見佛來端嚴殊特諸根
중요견불래단엄수특제근

寂靜如調順象心無垢濁如
적정여조순상심무구탁여

清淨池現大神通示大自在
청정지현대신통시대자재

사경의 공덕은 십만억 부처님께 공양한 것과 같은 공덕이 있습니다.

現大威德種種相好莊嚴其
현대위덕종종상호장엄기

身放大光明普照世界一切
신방대광명보조세계일체

毛孔出香焰雲震動十方無
모공출향염운진동시방무

量佛刹隨所至處普雨一切
량불찰수소지처보우일체

諸莊嚴具以佛威儀以佛功
제장엄구이불위의이불공

德衆生見者心淨歡喜煩惱
덕중생견자심정환희번뇌

銷滅爾時太子及諸大衆五
소멸이시태자급제대중오

體(체)投(투)地(지)頂(정)禮(례)其(기)足(족)安(안)施(시)床(상)座(좌)
合(합)掌(장)白(백)言(언)善(선)來(래)世(세)尊(존)善(선)來(래)善(선)
逝(서)唯(유)願(원)哀(애)愍(민)攝(섭)受(수)於(어)我(아)處(처)于(우)
此(차)座(좌)以(이)佛(불)神(신)力(력)淨(정)居(거)諸(제)天(천)卽(즉)
變(변)此(차)座(좌)爲(위)香(향)摩(마)尼(니)蓮(연)華(화)之(지)座(좌)
佛(불)坐(좌)其(기)上(상)諸(제)菩(보)薩(살)衆(중)亦(역)皆(개)就(취)
座(좌)周(주)匝(잡)圍(위)遶(요)時(시)彼(피)會(회)中(중)一(일)切(체)

사경의 공덕은 십만억 부처님께 공양한 것과 같은 공덕이 있습니다.

衆生因見如來苦滅障除堪
중생인견여래고멸장제감

受聖法爾時如來知其可化
수성법이시여래지기가화

以圓滿音說修多羅名普照
이원만음설수다라명보조

因輪令諸衆生隨類各解時
인륜령제중생수류각해시

彼會中有八十那由他衆生
피회중유팔십나유타중생

遠塵離垢得淨法眼無量那
원진이구득정법안무량나

由他衆生得無學地十千衆
유타중생득무학지십천중

生 생	子 자	免 면	得 득	刹 찰	大 대	生 생
令 령	卽 즉	離 리	調 조	微 미	願 원	住 주
生 생	於 어	惡 악	伏 복	塵 진	當 당	大 대
善 선	此 차	趣 취	無 무	數 수	爾 이	乘 승
根 근	時 시	生 생	量 량	衆 중	之 지	道 도
解 해	得 득	於 어	世 세	生 생	時 시	入 입
脫 탈	菩 보	天 천	界 계	於 어	十 시	普 보
門 문	薩 살	上 상	一 일	大 대	方 방	賢 현
善 선	教 교	善 선	切 체	乘 승	各 각	行 행
男 남	化 화	伏 복	衆 중	中 중	百 백	成 성
子 자	衆 중	太 태	生 생	心 심	佛 불	滿 만

사경의 공덕은 십만억 부처님께 공양한 것과 같은 공덕이 있습니다.

爾時太子豈異人乎我身是
也我因往昔起大悲心捨身
命財救苦衆生開門大施供
養於佛得此解脫
佛子當知我於爾時但爲
利益一切衆生不着三界不
求果報不貪名稱不欲自讚

이시태자기이인호아신시
야아인왕석기대비심사신
명재구고중생개문대시공
양어불득차해탈
불자당지아어이시단위
이익일체중생불착삼계불
구과보불탐명칭불욕자찬

多 다	害 해	汝 여	修 수	要 요	染 염	輕 경
等 등	我 아	意 의	行 행	之 지	無 무	毁 훼
五 오	者 자	云 운	苦 고	道 도	所 소	於 어
百 백	豈 기	何 하	行 행	常 상	怖 포	他 타
徒 도	異 이	彼 피	得 득	樂 락	畏 외	於 어
黨 당	人 인	時 시	此 차	觀 관	但 단	諸 제
是 시	乎 호	五 오	解 해	察 찰	莊 장	境 경
也 야	今 금	百 백	脫 탈	一 일	嚴 엄	界 계
是 시	提 제	大 대	佛 불	切 체	大 대	無 무
諸 제	婆 바	臣 신	子 자	智 지	乘 승	所 소
人 인	達 달	欲 욕	於 어	門 문	出 출	貪 탐

世 세	如 여	佛 불	名 명	須 수	羅 라	等 등
間 간	來 래	其 기	善 선	彌 미	三 삼	蒙 몽
第 제	名 명	五 오	光 광	山 산	藐 먁	佛 불
三 삼	曰 왈	百 백	世 세	微 미	三 삼	教 교
名 명	大 대	佛 불	界 계	塵 진	菩 보	化 화
大 대	悲 비	次 차	名 명	數 수	提 리	皆 개
悲 비	第 제	第 제	寶 보	劫 겁	於 어	當 당
師 사	二 이	興 흥	光 광	爾 이	未 미	得 득
子 자	名 명	世 세	於 어	時 시	來 래	阿 아
第 제	饒 요	最 최	中 중	有 유	世 세	耨 뇩
四 사	益 익	初 초	成 성	劫 겁	過 과	多 다

사경의 공덕은 십만억 부처님께 공양한 것과 같은 공덕이 있습니다.

各 각	衆 중	輪 륜	出 출	其 기	醫 의	名 명
差 차	會 회	說 설	家 가	國 국	王 왕	救 구
別 별	壽 수	修 수	學 학	土 토	雖 수	護 호
佛 불	命 명	多 다	道 도	種 종	彼 피	衆 중
子 자	法 법	羅 라	往 왕	族 족	諸 제	生 생
彼 피	住 주	語 어	詣 예	父 부	佛 불	乃 내
諸 제	及 급	言 언	道 도	母 모	大 대	至 지
罪 죄	其 기	音 음	場 량	受 수	悲 비	最 최
人 인	名 명	聲 성	轉 전	生 생	平 평	後 후
我 아	號 호	光 광	正 정	誕 탄	等 등	名 명
所 소	各 각	明 명	法 법	生 생	然 연	曰 왈

사경의 공덕은 십만억 부처님께 공양한 것과 같은 공덕이 있습니다.

救구 者자 卽즉 拘구 留류 孫손 等등 賢현 劫겁 千천 佛불

及급 百백 萬만 阿아 僧승 祇기 諸제 大대 菩보 薩살 於어

無무 量량 精정 進진 力력 名명 稱칭 功공 德덕 慧혜 如여

來래 所소 發발 阿아 耨뇩 多다 羅라 三삼 藐약 三삼 菩보

提리 心심 今금 於어 十십 方방 國국 土토 行행 菩보 薩살

道도 修수 習습 增증 長장 此차 菩보 薩살 教교 化화 衆중

生생 令령 生생 善선 根근 解해 脫탈 者자 是시 時시 勝승

사경의 공덕은 십만억 부처님께 공양한 것과 같은 공덕이 있습니다.

光광 王왕 今금 薩살 遮차 尼니 乾건 子자 大대 論논 師사

是시 時시 王왕 宮궁 人인 及급 諸제 眷권 屬속 卽즉 彼피

尼니 乾건 六육 萬만 弟제 子자 與여 師사 俱구 來래 建건

大대 論논 幢당 共공 佛불 論논 議의 悉실 降항 伏복 之지

授수 阿아 耨뇩 多다 羅라 三샴 藐먁 三삼 菩보 提리 者자

是시 此차 諸제 人인 等등 皆개 當당 作작 佛불 國국 土토

莊장 嚴엄 劫겁 數수 名명 號호 各각 各각 有유 異이 佛불

子(자)我(아)於(어)爾(이)時(시)救(구)罪(죄)人(인)已(이)父(부)母(모)
聽(청)我(아)捨(사)離(리)國(국)土(토)妻(처)子(자)財(재)寶(보)於(어)
法(법)輪(륜)音(음)虛(허)空(공)燈(등)王(왕)佛(불)所(소)出(출)家(가)
學(학)道(도)五(오)百(백)歲(세)中(중)淨(정)修(수)梵(범)行(행)卽(즉)
得(득)成(성)就(취)百(백)萬(만)陀(타)羅(라)尼(니)百(백)萬(만)神(신)
通(통)百(백)萬(만)法(법)藏(장)百(백)萬(만)求(구)一(일)切(체)智(지)
勇(용)猛(맹)精(정)進(진)淨(정)治(치)百(백)萬(만)堪(감)忍(인)門(문)

增長百萬思惟心成就百萬
증장백만사유심성취백만

菩薩力入百萬菩薩智門得
보살력입백만보살지문득

百萬般若波羅蜜門見十方
백만반야파라밀문견십방

百萬諸佛生百萬菩薩大願
백만제불생백만보살대원

念念中見十方各照百萬佛
염념중견시방각조백만불

剎念念中億念十方世界前
찰염념중억념시방세계전

後際劫百萬諸佛念念中知
후제겁백만제불념념중지

사경의 공덕은 십만억 부처님께 공양한 것과 같은 공덕이 있습니다.

十方世界百萬諸佛變化海
시방세계백만제불변화해

念念中見十方百萬世界所
염념중견시방백만세계소

有衆生種種諸趣隨業所受
유중생종종제취수업소수

生時死時善趣惡趣好色惡
생시사시선취악취호색악

色其諸衆生種種心行種種
색기제중생종종심생종종

欲樂種種根性種種業習種
욕락종종근성종종업습종

種成就皆悉明了佛子我於
종성취개실명료불자아어

天 천	藏 장	次 차	此 차	虛 허	家 가	爾 이
王 왕	如 여	爲 위	值 치	空 공	受 수	時 시
卽 즉	來 래	帝 제	法 법	燈 등	生 생	命 명
於 어	親 친	釋 석	空 공	王 왕	作 작	終 종
此 차	近 근	卽 즉	王 왕	如 여	轉 전	之 지
世 세	供 공	此 차	如 여	來 래	輪 륜	後 후
界 계	養 양	道 도	來 래	滅 멸	王 왕	還 환
值 치	次 차	場 량	承 승	後 후	彼 피	復 부
大 대	爲 위	值 치	事 사	次 차	法 법	於 어
地 지	夜 야	天 천	供 공	卽 즉	輪 륜	彼 피
威 위	摩 마	王 왕	養 양	於 어	音 음	王 왕

사경의 공덕은 십만억 부처님께 공양한 것과 같은 공덕이 있습니다.

界 계	爲 위	虛 허	爲 위	光 광	率 솔	力 력
値 치	他 타	空 공	化 화	音 음	天 천	山 산
無 무	化 화	智 지	樂 락	聲 성	王 왕	如 여
能 능	自 자	王 왕	天 천	王 왕	卽 즉	來 래
壞 괴	在 재	如 여	王 왕	如 여	於 어	親 친
幢 당	天 천	來 래	卽 즉	來 래	此 차	近 근
如 여	王 왕	親 친	於 어	親 친	世 세	供 공
來 래	卽 즉	近 근	此 차	近 근	界 계	養 양
親 친	於 어	供 공	世 세	供 공	値 치	次 차
近 근	此 차	養 양	界 계	養 양	法 법	爲 위
供 공	世 세	次 차	値 치	次 차	輪 륜	兜 도

養次爲阿修羅王卽於此世
양차위아수라왕즉어차세

界値一切法雷音王如來親
계치일체법뇌음왕여래친

近供養次爲梵王卽於此世
근공양차위범왕즉어차세

界値普現化演法音如來親
계치보현화연법음여래친

近供養
근공양

佛子此寶光世界善光劫
불자차보광세계선광겁

中有一萬佛出興于世我皆
중유일만불출흥우세아개

사경의 공덕은 십만억 부처님께 공양한 것과 같은 공덕이 있습니다.

親(친) 近(근) 承(승) 事(사) 供(공) 養(양) 次(차) 復(부) 有(유) 劫(겁) 名(명)
曰(왈) 日(일) 光(광) 有(유) 六(륙) 十(십) 億(억) 佛(불) 出(출) 興(흥) 於(어)
世(세) 最(최) 初(초) 如(여) 來(래) 名(명) 妙(묘) 相(상) 山(산) 我(아) 時(시)
爲(위) 王(왕) 名(명) 曰(왈) 大(대) 慧(혜) 於(어) 彼(피) 佛(불) 所(소) 承(승)
事(사) 供(공) 養(양) 次(차) 有(유) 佛(불) 出(출) 名(명) 圓(원) 滿(만) 肩(견)
我(아) 爲(위) 居(거) 士(사) 親(친) 近(근) 供(공) 養(양) 次(차) 有(유) 佛(불)
出(출) 名(명) 離(리) 垢(구) 童(동) 子(자) 我(아) 爲(위) 大(대) 臣(신) 親(친)

近供養次有佛出名勇猛持
근공양차유불출명용맹지

我爲阿修羅王親近供養次
아위아수라왕친근공양차

有佛出名須彌相我爲樹神
유불출명수미상아위수신

親近供養次有佛出名離垢
친근공양차유불출명리구

臂我爲商主親近供養次有
비아위상주친근공양차유

佛出名師子遊步我爲城神
불출명사자유보아위성신

親近供養次有佛出名爲寶
친근공양차유불출명위보

사경의 공덕은 십만억 부처님께 공양한 것과 같은 공덕이 있습니다.

世 세	次 차	王 왕	佛 불	爲 위	養 양	髻 계
我 아	第 제	親 친	出 출	乾 건	次 차	我 아
常 상	有 유	近 근	名 명	闥 달	有 유	爲 위
於 어	六 륙	供 공	光 광	婆 파	佛 불	毘 비
此 차	十 십	養 양	明 명	王 왕	出 출	沙 사
受 수	億 억	於 어	冠 관	親 친	名 명	門 문
種 종	如 여	彼 피	我 아	近 근	最 최	天 천
種 종	來 래	劫 겁	爲 위	供 공	上 상	王 왕
身 신	出 출	中 중	鳩 구	養 양	法 법	親 친
一 일	興 흥	如 여	槃 반	次 차	稱 칭	近 근
一 일	於 어	是 시	荼 다	有 유	我 아	供 공

사경의 공덕은 십만억 부처님께 공양한 것과 같은 공덕이 있습니다.

佛 불	慧 혜	切 체	神 신	三 삼	量 량	佛 불
刹 찰	門 문	智 지	通 통	昧 매	衆 중	所 소
海 해	照 조	門 문	門 문	門 문	生 생	親 친
見 견	種 종	種 종	種 종	種 종	於 어	近 근
種 종	種 종	種 종	種 종	種 종	一 일	供 공
種 종	十 십	法 법	辯 변	陀 타	一 일	養 양
諸 제	方 방	明 명	才 재	羅 라	佛 불	教 교
佛 불	海 해	門 문	門 문	尼 니	所 소	化 화
海 해	入 입	種 종	種 종	門 문	得 득	成 성
淸 청	種 종	種 종	種 종	種 종	種 종	就 취
淨 정	種 종	智 지	一 일	種 종	種 종	無 무

사경의 공덕은 십만억 부처님께 공양한 것과 같은 공덕이 있습니다.

修 수	是 시	聽 청	有 유	處 처	親 친	成 성
習 습	如 여	聞 문	諸 제	一 일	近 근	就 취
此 차	是 시	說 설	佛 불	切 체	供 공	增 증
解 해	一 일	法 법	出 출	世 세	養 양	長 장
脫 탈	切 체	信 신	興 흥	界 계	爾 이	廣 광
門 문	諸 제	受 수	於 어	海 해	所 소	大 대
復 부	如 여	護 호	世 세	微 미	諸 제	如 여
得 득	來 래	持 지	親 친	塵 진	佛 불	於 어
無 무	所 소	亦 역	近 근	數 수	於 어	此 차
量 량	皆 개	復 부	供 공	劫 겁	一 일	劫 겁
解 해	悉 실	如 여	養 양	所 소	切 체	中 중

사경의 공덕은 십만억 부처님께 공양한 것과 같은 공덕이 있습니다.

脫方便 (탈방편)

爾時救護一切衆生主夜 (이시구호일체중생주야)

神欲重宣此解脫義卽爲善 (신욕중선차해탈의즉위선)

財而說頌言 (재이설송언)

汝以歡喜信樂心 (여이환희신락심)

問此難思解脫法 (문차난사해탈법)

我承如來護念力 (아승여래호념력)

爲汝宣說應聽受
위여선설응청수

過去無邊廣大劫
과거무변광대겁

過於剎海微塵數
과어찰해미진수

時有世界名寶光
시유세계명보광

其中有劫號善光
기중유겁호선광

於此善光大劫中
어차선광대겁중

一萬如來出興世
일만여래출흥세

我皆親近而供養
아개친근이공양

從其修學而解脫
종기수학이해탈

時有王都名喜嚴
시유왕도명희엄

縱廣寬平極殊麗
종광관평극수려

雜業衆生所居住
잡업중생소거주

或心淸淨或作惡
혹심청정혹작악

爾時有王名勝光
이시유왕명승광

恒(항)以(이)正(정)法(법)御(어)群(군)生(생)
其(기)王(왕)太(태)子(자)名(명)善(선)伏(복)
形(형)體(체)端(단)正(정)備(비)衆(중)相(상)
時(시)有(유)無(무)量(량)諸(제)罪(죄)人(인)
繫(계)身(신)牢(뇌)獄(옥)當(당)受(수)戮(륙)
太(태)子(자)見(견)已(이)生(생)悲(비)愍(민)
上(상)啓(계)於(어)王(왕)請(청)寬(관)宥(유)

爾(이)時(시)諸(제)臣(신)共(공)白(백)王(왕)
今(금)此(차)太(태)子(자)危(위)王(왕)國(국)
如(여)是(시)罪(죄)人(인)應(응)受(수)戮(륙)
如(여)何(하)悉(실)救(구)令(령)除(제)免(면)
時(시)勝(승)光(광)王(왕)語(어)太(태)子(자)
汝(여)救(구)彼(피)罪(죄)自(자)當(당)受(수)
太(태)子(자)哀(애)念(념)情(정)轉(전)深(심)

사경의 공덕은 십만억 부처님께 공양한 것과 같은 공덕이 있습니다.

誓(서)救(구)衆(중)生(생)無(무)退(퇴)怯(겁)

時(시)王(왕)夫(부)人(인)婇(채)女(녀)等(등)

俱(구)來(래)王(왕)所(소)白(백)王(왕)言(언)

願(원)放(방)太(태)子(자)半(반)月(월)中(중)

布(포)施(시)衆(중)生(생)作(작)功(공)德(덕)

時(시)王(왕)聞(문)已(이)卽(즉)聽(청)許(허)

設(설)大(대)施(시)會(회)濟(제)貧(빈)乏(핍)

사경의 공덕은 십만억 부처님께 공양한 것과 같은 공덕이 있습니다.

一切衆生靡不臻
일체중생미불진

隨有所求咸給與
수유소구함급여

如是半月日云滿
여시반월일운만

太子就戮時將至
태자취륙시장지

大衆百千萬億人
대중백천만억인

同時瞻仰俱號泣
동시첨앙구호읍

彼佛知衆根將熟
피불지중근장숙

而來此會化群生 (이래차회화군생)
顯現神變大莊嚴 (현현신변대장엄)
靡不親近而恭敬 (미불친근이공경)
佛以一音方便說 (불이일음방편설)
法燈普照修多羅 (법등보조수다라)
無量衆生意柔軟 (무량중생의유연)
悉蒙與授菩提記 (실몽여수보리기)

善伏太子生歡喜 (선복태자생환희)
發興無上正覺心 (발흥무상정각심)
誓願承事於如來 (서원승사어여래)
普爲衆生作依處 (보위중생작의처)
便卽出家依佛住 (편즉출가의불주)
修行一切種智道 (수행일체종지도)
爾時便得此解脫 (이시편득차해탈)

大悲廣濟諸群生 (대비광제제군생)

於中止住經劫海 (어중지주경겁해)

諦觀諸法眞實性 (체관제법진실성)

常於苦海救衆生 (상어고해구중생)

如是修習菩提道 (여시수습보리도)

劫中所有諸佛現 (겁중소유제불현)

悉皆承事無有餘 (실개승사무유여)

咸以清淨信解心
함이청정신해심

聽聞持護所說法
청문지호소설법

次於佛剎微塵數
차어불찰미진수

無量無邊諸劫海
무량무변제겁해

所有諸佛現世間
소유제불현세간

一一供養皆如是
일일공양개여시

我念往昔爲太子
아념왕석위태자

사경의 공덕은 십만억 부처님께 공양한 것과 같은 공덕이 있습니다.

見諸衆生在牢獄 (견제중생재로옥)
誓願捨身而救護 (서원사신이구호)
因其證此解脫門 (인기증차해탈문)
經於佛刹微塵數 (경어불찰미진수)
廣大劫海常修習 (광대겁해상수습)
念念令其得增長 (염념령기득증장)
復獲無邊巧方便 (부획무변교방편)

사경의 공덕은 십만억 부처님께 공양한 것과 같은 공덕이 있습니다.

彼中所有諸如來
피중소유제여래

我悉得見蒙開悟
아실득견몽개오

令我增明此解脫
영아증명차해탈

及以種種方便力
급이종종방편력

我於無量千億劫
아어무량천억겁

學此難思解脫門
학차난사해탈문

諸佛法海無有邊
제불법해무유변

我悉一時能普飲 (아실일시능보음)
十方所有一切刹 (십방소유일체찰)
其身普入無所礙 (기신보입무소애)
三世種種國土名 (삼세종종국토명)
念念了知皆悉盡 (염념료지개실진)
三世所有諸佛海 (삼세소유제불해)
一一明見盡無餘 (일일명견진무여)

亦能示現其身相 역능시현기신상
普詣於彼如來所 보예어피여래소
又於十方一切刹 우어십방일체찰
一切諸佛導師前 일체제불도사전
普雨一一莊嚴雲 보우일일장엄운
供養一切無上覺 공양일체무상각
又以無邊大問海 우이무변대문해

사경의 공덕은 십만억 부처님께 공양한 것과 같은 공덕이 있습니다.

啓請一切諸世尊 (계청일체제세존)

彼佛所雨妙法雲 (피불소우묘법운)

皆悉受持無忘失 (개실수지무망실)

又於十方無量刹 (우어시방무량찰)

一切如來衆會前 (일체여래중회전)

坐於衆妙莊嚴座 (좌어중묘장엄좌)

示現種種神通力 (시현종종신통력)

又於十方無量刹
우어십방무량찰

示現種種諸神變
시현종종제신변

一身示現無量身
일신시현무량신

無量身中現一身
무량신중현일신

又於一一毛孔中
우어일일모공중

悉放無數大光明
실방무수대광명

各以種種巧方便
각이종종교방편

사경의 공덕은 십만억 부처님께 공양한 것과 같은 공덕이 있습니다.

除滅衆生煩惱火
제멸중생번뇌화

又於一一毛孔中
우어일일모공중

出現無量化身雲
출현무량화신운

充滿十方諸世界
충만십방제세계

普雨法雨濟群品
보우법우제군품

十方一切諸佛子
십방일체제불자

入此難思解脫門
입차난사해탈문

悉盡未來無量劫 (실진미래무량겁)

安住修行菩薩行 (안주수행보살행)

隨其心樂爲說法 (수기심락위설법)

令彼皆除邪見網 (영피개제사견망)

示以天道及二乘 (시이천도급이승)

乃至如來一切智 (내지여래일체지)

一切衆生受生處 (일체중생수생처)

示現無邊種種身
시현무변종종신

悉同其類現衆像
실동기류현중상

普應其心而說法
보응기심이설법

若有得此解脫門
약유득차해탈문

則住無邊功德海
즉주무변공덕해

譬如剎海微塵數
비여찰해미진수

不可思議無有量
불가사의무유량

教 교	切 체	一 일	身 신	薩 살	生 생	
化 화	諸 제	切 체	不 부	摩 마	令 령	善 선
調 조	法 법	諸 제	住 주	訶 하	生 생	男 남
伏 복	得 득	法 법	攀 반	薩 살	善 선	子 자
一 일	無 무	自 자	緣 연	超 초	根 근	我 아
切 체	我 아	性 성	無 무	諸 제	解 해	唯 유
衆 중	智 지	善 선	有 유	世 세	脫 탈	知 지
生 생	證 증	能 능	障 장	間 간	門 문	此 차
恒 항	無 무	觀 관	礙 애	現 현	如 여	教 교
無 무	我 아	察 찰	了 요	諸 제	諸 제	化 화
休 휴	法 법	一 일	達 달	趣 취	菩 보	衆 중

息心常安住無二法門普入
식심상안주무이법문보입

一切諸言辭海我今云何能
일체제언사해아금운하능

知能說彼功德海彼勇猛智
지능설피공덕해피용맹지

彼心行處彼三昧境彼解脫
피심행처피삼매경피해탈

力善男子此閻浮提有一園
력선남자차염부제유일원

林名嵐毘尼彼園有神名妙
림명람비니피원유신명묘

德圓滿汝詣彼問菩薩云何
덕원만여예피문보살운하

修菩薩行生如來家爲世光
수보살행생여래가위세광

明盡未來劫而無厭倦時善
명진미래겁이무염권시선

財童子禮其足遶無量帀
재동자례기족요무량잡

合掌瞻仰辭退而去
합장첨앙사퇴이거

發 願 文

귀의 삼보하옵고

거룩하신 부처님께 발원하옵나이다.

주　소 : ____________________

전　화 : ____________　불 명 : ________　성 명 : ________

불기 25 ______ 년 ______ 월 ______ 일